ZEITENWENDE

ZEITENWENDE

PORTRAITS AUS OSTDEUTSCHLAND

1986–1998

PHOTOGRAPHIEN
VON
BERND
LASDIN

EDITION TEMMEN

Die Deutsche Bibliothek – CIP-Einheitsaufnahme
Lasdin, Bernd:
Zeitenwende : Portraits aus Ostdeutschland 1986 - 1998 /
Bernd Lasdin. - Bremen : Ed. Temmen, 1998
ISBN 3-86108-723-5

3. erweiterte Auflage 1999

Alle Aufnahmen aus den Jahren 1986/88
wurden mit einer NIKON FM2 aufgenommen.
Die späteren Aufnahmen wurden mit einer
LEICA M 6 aufgenommen.

Titelgestaltung: Jörg Hinz

Hohenlohestr. 21
28209 Bremen
Tel. 0421-34843-0
Fax 0421-348094

Platz der Freundschaft 1
18057 Rostock
Tel. 0381-4019723
Fax 0381-4019729

Herstellung: Edition Temmen

ISBN 3-86108-723-5

Inhalt

Eine ostdeutsche Milieustudie

Bernd Lasdin zeigt im vorliegenden Band Photographien von Menschen aus dem Nordosten Deutschlands, die in zwei verschiedenen Zeitabschnitten aufgenommen wurden. Die erste Bildreihe entsteht unmittelbar vor der politischen »Wende« in der DDR und ermöglicht – damals ungewöhnlich – Selbstinszenierungen von Menschen in unterschiedlichen Milieus und Lebenszusammenhängen. Aus allen gesellschaftlichen Schichten, vom einfachen Landarbeiter bis zum politischen Funktionär, reicht das Spektrum, aus dem eine überraschende Vielfalt an Lebensorientierungen und Lebensstilen erkennbar wird. Dies bringt Lasdin noch zu »DDR-Zeiten« von offizieller Seite die Kritik ein, er zeige ein verfälschtes Bild der Gesellschaft. Nur unter besonderen Anstrengungen gelingt es, eine öffentliche Ausstellung zu organisieren.

Der soziologische Blick

Zehn Jahre nach der »Wende« sucht Bernd Lasdin seine Protagonisten wieder auf, um sie erneut am Lieblingsort zu portraitieren und zu einem schriftlichen Selbstzeugnis zu bewegen. Mit sozialwissenschaftlichem Gespür erkennt er den Wert seines vorhandenen Bildmaterials als Grundstock für eine vergleichende Studie. Durch die Mitwirkung der Personen, die auch an der ersten Serie beteiligt waren, gelingt ihm ein einmaliges Dokument, das vielfältige, teils intime, teils bewegende Einblicke in die Bewältigung der »Wende« durch die Portraitierten gewährt. Die sensible Darstellung läßt den Betrachter zu keinem Zeitpunkt in die Rolle des Voyeurs schlüpfen, sie wahrt die Integrität der Beteiligten. Keiner muß sich entlarvt, vorgeführt oder denunziert fühlen. Daß die Betroffenen schließlich selbst die Bildunterschriften anfertigen, rückt sie einmal mehr in den Mittelpunkt, gibt ihnen eine weitere Chance zur Selbstäußerung, deren Thematik von ihnen bestimmt wird.

Selbstplazierungen

Die Chance zur Selbstpositionierung in Bild und Text wird in unterschiedlicher Weise genutzt. Wir sehen Menschen, bei denen es scheint, als nutzten sie diese Gelegenheit wie jede andere, ihren sozialen Status mit Stolz zu präsentieren, sowohl vor als auch nach der »Wende«. Wir treffen auf andere, bei denen die Verwunderung darüber deutlich wird, daß sich überhaupt noch jemand für sie interessiert. Wir verspüren die drückende Last der Einsamkeit ebenso wie die Fähigkeit einzelner, Schicksalsschläge zu verarbeiten. Auch Unbeweglichkeit wird dokumentiert, Menschen, die jeder äußeren Veränderung widerstehen, in deren Leben sich seit Jahren nichts mehr verändert zu haben scheint.

Bernd Lasdins Thema sind Bewältigungsstrategien. Wie haben die Menschen die »Wende« individuell gestaltet, überlebt, erlebt? Er läßt sich die Beteiligten dazu selbst äußern, indem er ihnen die Bildregie und auch die Gestaltung des schriftlichen Kommentars überläßt. Der Photograph legt zwar unvermeidlich den Bildausschnitt fest, stellt ansonsten aber ›nur‹ das Material zur Verfügung, das durch den Betrachter interpretiert werden muß. Bernd Lasdin realisiert einen dokumentarischen Anspruch, der in der Photographie eine lange Geschichte hat.

Bewegende Dokumente

Die Durchsicht der Photographien wird zum Anlaß für Erinnerungen, läßt die vergangenen, bewegten Jahre wieder lebendig werden, weckt Assoziationen an teils schon vergessene »DDR-Zeiten« und schafft Betroffenheit angesichts der Schicksale: Einsamkeit, Scheitern, enttäuschte Hoffnungen und Erwartungen, aber auch positive Entwicklungen, Neubeginn, genutzte Chancen.

Die Nähe der Photographien zum tatsächlichen Erleben der Betrachter wird besonders in Ostdeutschland deutlich. Die Menschen haben jeweils in unterschiedlicher Art und Weise an ihren Biographien arbeiten müssen, um den gesellschaftlichen Wandel zu verkraften. Und sie finden sich offenbar mit ihren Erfahrungen in der Darstellung Bernd Lasdins wieder.

Gewinner und Verlierer

Auf der einen Seite stehen die »Wendegewinner«, denen die neue Situation Lebenschancen eröffnet hat, beruflich wie privat, durch Reisefreiheit, durch die Möglichkeit zur Selbstverwirklichung etc. Die »Wendeverlierer« sind jene Menschen, die ihre Orientierungen, ihre Arbeit oder ihre sozialen Beziehungen verloren haben. Daneben finden wir die Beharrlichen, man mag sie als die »ewig Gestrigen« oder als die »Ungewendeten« bezeichnen, jene also, die mit Stolz von sich selbst sagen, trotz aller Veränderungen ihre Identität gewahrt zu haben. Gerade hier mögen sich die Geister scheiden, denn was für die einen erstrebenswerte Wahrung der Identität ist, bedeutet für die anderen ein Festhalten an überkommenen Idealen. Daneben werden Menschen gezeigt, denen der Verlust von Nahestehenden ein entscheidender Einschnitt im Leben war, wogegen alle äußeren, gesellschaftlichen Veränderungen offensichtlich verblassen.

Lasdins Photographien lösen also Unterschiedliches aus: Wiedererkennen, Betroffenheit, Identifikation, Abwehr und kontroverse Diskussionen. Sie spiegeln die Vielfalt der Lebensrealität und verzichten darauf, ein geschöntes Bild zu zeigen. Dies löst vereinzelt bereits wieder Kritik aus, die durchaus ähnlich schon vor der Wende formuliert wurde: Lasdins Sichtweise sei subjektiv, negativ, spiele Erfolge herunter, präsentiere überwiegend Randerscheinungen.

Verunsicherung und Anpassungsleistungen

Die Verunsicherung in vielen Lebensbereichen, welche die »Wende« in Ostdeutschland verursacht hat, kann nur nachvollzogen werden, wenn man sich auf die dortigen Lebensbedingungen einläßt. Die Veränderungen der gesamten Alltagswelt bleiben spürbar, die

enormen Anpassungsleistungen der Menschen im ökonomischen, politischen und kulturellen System ebenso.
Selbst die neuen Konsummöglichkeiten schaffen Verwirrung. Viele Betroffene schildern nach der anfänglichen Faszination eine Phase großer Orientierungslosigkeit, da viele Erfahrungswerte gegenstandslos geworden sind. Der tägliche Alltagskonsum absorbiert durch neue Produkte, neue Verpackungen, neue Preise zunächst ein erhebliches Maß an Aufmerksamkeit.

Neue Orientierungen

Tiefgreifender waren und sind sicherlich die Zukunftsängste. Zentral ist das Problem der materiellen Sicherung, das bislang für viele nicht geklärt ist. Tatsächlich erreichen einige Landstriche leicht eine Quote von 40% der Erwerbsfähigen, die in ihrer materiellen Existenz unmittelbar bedroht sind, denen damit auch der Zugang zu sozialer Anerkennung und sozialen Beziehungen erheblich erschwert ist.
Mit dem Wandel in den Lebensverhältnissen und Orientierungen sind auch viele Freundschaften und Beziehungen zerbrochen, weil neue Orientierungen auch neue Lebenswege freilegten, die dann oft unerwartet auseinandergingen.
Orientierungsprobleme gibt es auch in Hinsicht auf politische Partizipation. Es fehlt an Traditionen und Erfahrung mit Organisationen, mit demokratischen Willensbildungsprozessen, mit Persönlichkeiten, denen Verantwortung übertragen werden kann. Es fehlt auch die Erfahrung, selbst politische Verantwortung zu übernehmen. Politische Parteien, Wohlfahrtsverbände, Jugendorganisationen müssen daher sehr viel investieren, um ehrenamtliches und gemeinnütziges Engagement zu fördern, etwas, das übrigens auch in Westdeutschland keine Konjunktur mehr hat: Politikverdrossenheit und Rückzug ins Private sind gesamtdeutsche Themen, in Ostdeutschland jedoch ohne Vergleichserfahrungen.

Individualisierung

Bernd Lasdin präsentiert zu all den eben skizzierten Phänomenen Beispiele. Er hat einen Blick ›von innen heraus‹, da er selbst die »Wende« durchlebt und seine Umgebung mit wachem Auge betrachtet hat. Auf diese Weise ist er zu seiner treffsicheren Auswahl an Protagonisten quer durch alle Schichten und Milieus gelangt. Schon zu »DDR-Zeiten« entwickelte er ein Gespür dafür, daß sich unterhalb des offiziellen Gesellschaftsbildes bereits »Individualisierung« nach globalen Vorbildern breitmachte, wie sie z.B. durch die Gesellschaftswissenschaftler Pierre Bourdieu (Frankreich) und Ulrich Beck (Westdeutschland) beschrieben wurde. »Individualisierung« heißt: Traditionelle Lebenswege und Orientierungen verlieren an Verbindlichkeit. Berufliche Karrieren heute verlangen Mobilität und Flexibilität anstelle von Seßhaftigkeit und Traditionsbezug, anstelle von Orientierung an Familie, Heimat und anderen Werten. Die Sinn- und Identitätssuche wird an neuen, medienvermittelten Orientierungsmustern ausgerichtet und findet – mangels beruflicher Sicherheit und Erfüllung –

vielfach im Freizeitkonsum, in der Ästhetik der Lebensstile statt. Neuere soziologische Studien entwerfen daher ein entsprechendes Gesellschaftsbild, das quer zum »Oben« und »Unten« eines Schichtenmodells die Bedeutung alltagskultureller Milieus nachweist. Bezogen auf die nachfolgenden Photos: die Geweihe an der Wohnzimmerwand des Funktionärs symbolisieren beispielsweise eine andere Lebenswelt als die Bücherwand des Intellektuellen. Diese Symbole können heutzutage angeeignet werden, was die neuen sozialen Milieus von den herkunftsabhängigen Gesellschaftsstrukturen früherer Zeiten und Jahrhunderte erheblich unterscheidet.

Damit sind Symbole der Selbststilisierung zum Gegenstand der Gesellschaftsanalyse geworden. In Bernd Lasdins Arbeit finden wir dies wieder: Der Lieblingsort in der Wohnung ist eine von dem Betroffenen bewußt gestaltete Umgebung, seine Kleidung beim Fototermin ist bewußt gewählt, das schriftliche Selbstzeugnis Ergebnis einer Selbstreflexion. Dort, wo all dies nicht geschieht, spürt der Betrachter, daß die Betroffenen es aufgegeben haben, ihr Leben aktiv zu gestalten. Moderne Gesellschaften sind heterogen, plural in den Lebensstilen und Identitätsangeboten. Lasdin zeigt dies in der gesamten Bandbreite.

Aufforderung zur Beteiligung

Die Photos in Kombination mit schriftlichen Selbstzeugnissen wirken wie eine längst fällige Aufforderung an die Beteiligten, sich selbst ins Bild zu setzen *und* sich selbst zur Sprache zu bringen. Darin besteht ein besonderer Verdienst von Bernd Lasdin, denn die Menschen in Ostdeutschland haben oft das Gefühl, daß über ihre Köpfe hinweg agiert und entschieden wird. Seine Photos dokumentieren nicht nur eine neue Aufmerksamkeit, sich anhand von Lebensgeschichten und Schicksalen mit der gesellschaftlichen Realität auseinanderzusetzen, sie fordern auch dazu auf, sich persönlich einzubringen, Orientierungen und Perspektiven mit anderen zu diskutieren. Dies ist ein erster und ermutigender Schritt zur Partizipation, etwas, das in Ostdeutschland keine lange Tradition hat und – gesamtdeutsch gesehen – aufgrund verkrusteter Strukturen vielfach verloren zu gehen droht.

Es ist ein vielversprechender Ansatz, da er das thematisiert, was die Menschen in ihrem Alltag bewegt und damit die Diskussion um die aktive Gestaltung der Lebensrealität in Gang bringt, gleichgültig ob in Ost oder West!

Burkhard Hill
Dr. phil., Professor für Medienpädagogik an der Fachhochschule Neubrandenburg

Literatur:
Ulrich Beck: Risikogesellschaft. Frankfurt/Main 1986
Pierre Bourdieu: Die feinen Unterschiede. Frankfurt/Main 1982
Flaig, Meyer, Ueltzhöffer: Alltagsästhetik und politische Kultur. Bonn 1994
Gerhard Schulze: Die Erlebnisgesellschaft. Frankfurt/Main, New York 1993

Portraits aus Ostdeutschland

Das umfangreiche Gesellschaftsportrait »Zeitenwende« zeigt Menschen aus dem Raum Neubrandenburg und Umgebung, die Bernd Lasdin in den Jahren 1986–1998 photographiert hat. Ausgangspunkt der photographischen Studie war zunächst eine Serie von Portaits, die in den letzten Jahren vor dem Zusammenbruch der DDR entstanden. Im zweiten Schritt inszenierte Lasdin dieselbe Situation, nur zehn Jahre später. Die Wiederholung der photographischen Sitzungen ist deswegen so wertvoll, weil sich seit der »Wende« die politischen, ökonomischen und gesellschaftlichen Rahmenbedingungen grundlegend geändert haben und der Prozeß der Neuorientierung von einschneidenden gesellschaftlichen Umbrüchen begleitet ist, die die individuelle Lebenssituation eines jeden einzelnen spürbar und *sichtbar* betroffen haben.

Bernd Lasdin photographiert Gruppen, meist Familien oder Paare, aber auch einzelne Personen in ihrer privaten Umgebung an ihrem jeweiligen Lieblingsplatz. Die Portraitierten sind sich der photographischen Aufnahmesituation bewußt und inszenieren sich so, wie sie sind oder sein wollen. Lasdin geht es dabei in erster Linie um das Bild, das die Menschen von sich selbst haben. Seine Aufnahmen spiegeln eine soziale Befindlichkeit wider, sie dokumentieren, wie unterschiedlich das eigene Leben innerhalb der gewandelten Gesellschaft empfunden und erlebt wird.

Lasdins erste, noch zu DDR-Zeiten entstandene Photoserie wurde seinerzeit auf westlicher Seite als eine Art Soziologie der ehemaligen DDR rezipiert. Mehr noch: Die von ihm Portraitierten sind nach dem Mauerfall von der Medienöffentlichkeit zu Ikonen für den typischen Alltag im »real existierenden Sozialismus« erhoben worden. Anschauliches Beispiel dafür ist die Reportage einer Journalistin, die 1989 einige Personen besucht hat, um sie nach ihrer damaligen Lebenssituation zu befragen.[1] Die Selbstverortung aus der spezifischen Sicht des Wende-Jahres 1989 lädt förmlich dazu ein, den Vergleich zu wagen: Was ist aus diesen Menschen geworden, welche Entwicklung haben sie unter den veränderten gesellschaftlichen Verhältnissen genommen und wie sehen sie sich heute? Welche Rolle spielt die DDR-Vergangenheit in der neuen, gesamtdeutschen Lebenswirklichkeit der neunziger Jahre?

Phototermin

Dadurch, daß die Portraitsitzungen in der häuslichen Umgebung, in der eigenen Wohnung stattfinden, betont der Photograph den allgemein zu beobachtenden Rückzug ins Private. Die Privatsphäre ist letztendlich der einzige Ort, an dem man sich scheinbar Unabhängigkeit und Freiheit von der herrschenden Macht der präsenten Systeme verschaffen kann, und nur in der privaten Nische hat man eine Empfindung für sein eigenes Leben. Lasdin unterstreicht durch seine privaten Portraits die Bedeutung der Privatsphäre gegenüber dem öffentlichen Sein. Unter diesen Umständen werden seine Aufnahmen hochpolitisch, weil der Hinweis, daß sich die Identität des Innen mit der des Außen nicht mehr deckt, offensichtlich wird. In diesem letzten Jahrzehnt des Bestehens der DDR, als der repressive Charakter des politischen Systems unübersehbar wird und die Menschen nicht mehr bereit sind, sich durch bloße Versprechungen vertrösten zu lassen, konstruiert Lasdin die Vergleichbarkeit unterschiedlicher sozialer Gruppen.

In der DDR, wo das Gruppenportrait vor allem als das Arbeiter- und Brigadeportrait bekannt und anerkannt ist, entwickelte sich erst seit dem Ende der siebziger Jahre eine eigenständige künstlerische Photographie, die unabhängig von der offiziell geforderten politischen Verwertbarkeit bestehen konnte. Vor allem Roger Melis hat durch seine Arbeiten zur Anerkennung des Individualportraits beigetragen und dies auch administrativ durchgesetzt. Melis hat als einer der ersten über das bildnerische Gestalten nachgedacht, für seine Arbeitsmethode war »neben dem richtigen Augenblick der Aufnahme, die Wahl des Ortes, an dem der Portraitierte und er sich berühren können, eine Bedingung.«[2]

Eine subjektive Soziologie

Lasdins Arbeit beschränkt sich nicht auf eine bloße Beschreibung der Realität, vielmehr steht seine subjektive Wahrnehmung der Wirklichkeit im Vordergrund. Er selbst wählt die Personen aus, wobei er sich um einen repräsentativen Querschnitt durch die sozialen Schichten bemüht, und folgt damit einem Ansatz, den schon in den dreißiger Jahren der Kölner Portraitphotograph August Sander vertreten hat. Sander zufolge läßt sich ein gesellschaftliches Gesamtbild »nicht einfach aufzeichnen und ablichten, bestenfalls erschließt es sich durch die angewandte Methode.«[3]

In seinem 1929 erschienenen Bildband »Antlitz der Zeit« konnte August Sander einige der im Rahmen seines großangelegten Dokumentationsprojektes »Menschen des 20. Jahrhunderts« entstandenen Portraits von prägnanten Vertretern verschiedener Gesellschaftsschichten und Berufsgruppen veröffentlichen. Im Unterschied zu den Arbeiten von Lasdin wird hier jedoch Sanders inszenatorischer Eingriff gegenüber den Modellen erkennbar, die in soziologischer Manier aufgrund von gemeinsamen Merkmalen typisiert, kategorisiert und mithin auch stilisiert werden.

Lasdins Zugriff entspricht zwar der Methode August Sanders, aber sein Ziel ist die *Individualisierung* der einzelnen Gesellschaftsmitglieder. Deshalb gehören zu seiner Strategie sowohl die Entscheidung für den privaten Kontext als auch die Beteiligung der Portraitierten durch ihre handschriftliche Stellungnahme und Unterschrift auf der Photographie. Jeder offenbart hierin das für ihn Wichtige, ob es nun um die Gründung einer Familie, die Unerträglichkeit der Einsamkeit oder um ein spezifisches Lebensgefühl geht. Durch das Nebeneinander von inhaltlich sehr unterschiedlichen Selbstaussagen der Portraitierten betont Lasdin die Unterschiede innerhalb der DDR-Gesellschaft in der zweiten Hälfte der achtziger Jahre. Neben der privaten Persönlichkeit wird die jeweilige Haltung zur DDR deutlich. Die Photographie Sanders entspricht im Gegensatz dazu einer soziologischen Typologie, weil die Portraitierten nur durch ihren Beruf bezeichnet werden und in bezug auf ihre emotionale Befindlichkeit anonym bleiben.

Lasdins Mitspracherecht der Portraitierten ist auch insofern etwas Besonderes, weil dem Betrachter bzw. Leser an der Schnittstelle zwischen der sozialen und der privaten Person Einblicke in die Innenwelt ermöglicht werden. Die Autoren der Bildunterschriften wollen ganz bewußt etwas von sich mitteilen, das über die Information des Bildes hinausgeht, sie suchen die Kommunikation mit dem Betrachter und ergänzen so die Photographie.

Gleichzeitig jedoch wird die Bildwahrheit durch den Text relativiert. Wenn beispielsweise der Photokünstler Jochen Gerz Schrift und Bild miteinander verbindet, geht es ihm nicht wie Lasdin um zusätzliche Informationen, sondern darum vorzuführen, wie verschieden die Deutbarkeit von Text und Bild in der Kombination ausfällt. Vordergründig zielt seine Bildaussage also auf die Wirkungsweisen und Grenzen des Mediums Photographie ab.

Wirklichkeit stellt sich immer über die subjektive Wahrnehmung her, und der Wahrheit kommt man nur durch die Gegenüberstellung von verschiedenen Wirklichkeitsausschnitten näher. Dem Photographen Lasdin gelingt es, eine Atmosphäre zu erzeugen, in der sich die Menschen zeigen wollen. In ihren Selbstdarstellungen offenbaren die Beteiligten einen sehr intimen Ausdruck ihrer eigenen Persönlichkeit, und durch seine einfühlende Art der Darstellung überhöht Lasdin noch die jeweiligen Charaktereigenschaften. Gerade diese Offenlegung der Intimsphäre erzeugt bei uns, den Betrachtern, Neugierde und Erstaunen.

In ganz anderer Absicht portraitiert ungefähr zur gleichen Zeit wie Bernd Lasdin der Photograph Christian Borchert DDR-Familien in ihren privaten Räumen. Ihm geht es darum, ein möglichst breites soziales Spektrum zu erarbeiten. Auch seinen Beteiligten stand die Wahl des Aufnahmeortes und der Körperhaltung frei. Im Unterschied zu Lasdins Bildern zeigt seine Kamera jedoch die Situation, ohne Stellung zu beziehen oder zu interpretieren. Er ist vielmehr der neutrale Beobachter, der nicht das Sensationelle, auch nicht die kleinen Sensationen, sondern das normale Leben zeigt. Sein Anliegen ist das eines Chronisten, der das Zeittypische zeigen will, das er durch das vergleichende Sehen verdeutlicht. Borcherts Familienportraits sind im Gegensatz zu den Aufnahmen von Lasdin räumlich enger gefaßt und zeichnen sich durch ein gleichmäßiges, diffuses Licht aus, so daß Hintergründe und Figuren kaum voneinander abgegrenzt sind.

Dem Ansatz von Lasdin und Borchert soll abschließend noch die Position von Thomas Struth gegenübergestellt werden, der – vorwiegend zwischen 1988 und 1990 – bürgerliche Familien in verschiedenen Industriegesellschaften in deren privater Umgebung portraitiert hat. Die Aufnahmen Struths lassen erkennen, daß die vorgestellten Personen vor dem Auge der Kamera posieren und sich in Szene setzen, denn der Photograph spricht sie in künstlerischer Absicht an: Er will sie als Bild zeigen. Der gemeinsame Lebensstil verschiedener Kulturen und Altersgruppen ist Schwerpunkt der Untersuchung, auch wenn soziale und kulturelle Unterschiede wahrnehmbar bleiben. Struth zeigt den Menschen dabei als Individuum und gleichzeitig in seinen sozialen Zusammenhängen.

Die Bilder

Die querformatigen Schwarzweißphotographien vergrößert Bernd Lasdin in differenzierten Grauwerten, in der Aufnahmesituation selbst entscheidet er sich jeweils neu für die Schärfe- und Unschärfezonen. Der Bildstil ist gekennzeichnet durch die Distanz zwischen den Dingen im Motiv: Vorder-, Mittel- und Hintergrund der Aufnahmen sind aufgrund der kurzen Brennweiten klar herausgearbeitet. Durch den Einsatz gestalterischer Mittel wie die frontale Ausrichtung der Portraitierten und die Einbindung in den Raum, der sie großzügig umgibt, legt Lasdin die Dargestellten auf ein Schema fest. Die Gruppenaufnahmen, die den einzelnen im Kontext der Familie zeigen, sind allerdings angereichert mit stillen Indizien, aus denen der Betrachter Geschichten rekonstruieren kann.

Eine Aufnahme zeigt zum Beispiel eine sechsköpfige, eng aneinandergerückt am Küchentisch sitzende Familie. Im rechten Bildhintergrund hängt ein realistisches Landschaftsbild, wohingegen das Fenster auf der rechten Seite keinen erkennbaren Blick nach draußen freigibt. Im mittleren Bildvordergrund steht ein großer schwarzer Kochtopf, der wegen seiner Unschärfe weniger als Kochtopf, sondern vielmehr als ein die Gruppe vereinigendes Element fungiert. Zehn Jahre später, in der Aufnahme derselben Familie, fehlt dieses vereinende Objekt, und das gleichmäßige Nebeneinander der Familienmitglieder wird durch den räumlich etwas zurückgesetzten Vater unterbrochen. Das Landschaftsbild ist zudem durch ein abstraktes Bild ersetzt worden.

In dem Portrait eines Parteifunktionärs ziehen die großen, auf seinen Knien liegenden Hände, die zusätzlich die hellste Bildpartie darstellen, alle Aufmerksamkeit des Betrachters auf sich. Die neben dem Funktionär sitzende Frau wird durch ihre nur ihm zugewandte Haltung nicht als Einzelperson charakterisiert, sondern sie sitzt neben dem thronenden Mann vor einem Hintergrund aus Wandtrophäen. Dem Betrachter treten die Figuren durch ihre Frontalität direkt gegenüber. In der aktuellen Aufnahme aus dem Jahr 1997 verschwindet derselbe Mann in der großen Wohnzimmergarnitur zwischen den Trophäen, auch die Geste der vor das Gesicht gehaltenen Hand verrät seine Skepsis.

Nach zehn Jahren photographiert Lasdin erneut genau dieselben Menschen. Wie unterscheiden sich die etwa zehn Jahre alten Bilder von den neuen? Gibt es Indizien für den gesellschaftlichen Wandlungsprozeß? Auffällig ist die Präsenz von Objekten aus dem Bereich von Technik und Medien. Lasdin setzt in zahlreichen Aufnahmen deutlich und auch zum Teil versteckt humorvoll den Fernseher, die Programmzeitschrift, den Computer, das Computermagazin oder die Illustrierte in Beziehung zu den Menschen. Damit thematisiert er die durch Medien vermittelte Öffentlichkeit und fragt nach ihrer Bedeutung für das Leben des Einzelnen. In diesem Punkt unterscheiden sich die früheren Privaträume deutlich von den heutigen, und gleichzeitig wird hier Lasdins kritische Haltung gegenüber den neuen gesellschaftlichen Bedingungen offenkundig.

Bildmittelpunkt einer Photographie der »zweiten Folge« kann dann beispielsweise die Programmzeitschrift sein, auf der sich die Hände eines Paares mittleren Alters vereinen.

Die Personen sind im Vergleich zur ersten Aufnahme auseinandergerückt, und in einem anderen Sinne werden sie über den Verweis auf das Fernsehen wieder zusammengezogen. Die Fernsehzeitung hat die Tageszeitung ersetzt. Nicht nur die Programmzeitschrift wird zum Indikator der veränderten gesellschaftlichen Situation.

In einem anderen Bild beherrscht der große Monitor die Komposition, der durch schräg einfallendes Licht an den Kanten überstrahlt wird und so heller ist als das hinter ihm gelegene Fenster. Das auf der linken Bildhälfte stehende Ehepaar wird durch die Hervorhebung des Monitors auf der rechten Bildhälfte zurückgedrängt. Der Monitor des Computers, der als Symbol für heutige Kommunikation gedeutet werden kann, behauptet sich genau an dem Ort, wo im früheren Bild die Handwerkszeuge, nämlich Pinsel und Ölfarben, ihren Platz hatten. Nicht mehr der unmittelbare künstlerische Ausdruck steht im Vordergrund, sondern das Management, das jetzt entscheidend geworden ist, um mit den potentiellen Käufern in Kontakt zu treten. In dem neuen System ist die eigene Mitteilung gegenüber dem Kunden notwendig, da der Verkauf der Arbeit, auch des künstlerischen Werkes, Teil ihres Wertes geworden ist.

An diesen Bildbeispielen wird deutlich, daß Lasdin die Zusammenhänge zwischen Menschen und Objekten auf Veränderungen hin untersucht und dabei die medialen und technischen Neuanschaffungen, die auf die veränderten gesellschaftlichen Bedingungen hinweisen, betont. Nicht eindeutig geklärt werden kann, ob sich die Beziehungen der Portraitierten untereinander verändert haben. Festgestellt werden kann allerdings ein Zuwachs an Selbstbewußtsein. Lasdin provoziert die Personen zur individuellen Darstellung ihrer selbst, und dies stellt den Wert der Portraits dar, gleichgültig, ob sie zu DDR-Zeiten oder nach dem Mauerfall photographiert wurden.

Inga Knölke,
Fotografin und Autorin
Berlin/Barcelona, im Juli 1998

[1] Ausgewählte Photographien aus der Serie »So sind wir« wurden neben den Stellungnahmen der Portraitierten in der Zeitschrift »Für Dich« in der Ausgabe vom 17.12.1989 abgedruckt.

[2] Berlin-Berlin. Portraits von Roger Melis. Mit einer Einführung von Klaus Völker, herausgegeben vom Deutschen Literaturarchiv in Marbach am Neckar, 1992.

[3] Zitiert nach Ulrich Keller: Sander und die Portraitphotogaphie. In: August Sander. Menschen des 20. Jahrhunderts, München 1980, S. 11.

Katalog

Auch, weil wir Wirkung wollen, trotzdem nur wir selbst sind,

werden wir von der Uniformiertheit der Intoleranten nicht akzeptiert.

... und jemand sagt, es wäre Frieden!

5. März 1987

Eva-Maria + Beate Bachmann

Beate Bachmann, 18 Jahre, Meliorationstechniker mit Abitur
Eva-Maria Bachmann, 19 Jahre, Baufacharbeiter mit Abitur

„Der ist beglückt, der sein darf, was er ist.", ein Zitat von Friedrich von Hagedorn, welches heute wesentlich leichter zu realisieren ist als damals, auch wenn sich die Menschen nicht unbedingt verändert haben.
Wir können uns verwirklichen.

13. Dezember 1997

Beate + Eva-Maria Bachmann

Eva-Maria Bachmann, 29 Jahre, Bauleiterin
Beate Bachmann, 28 Jahre, Vertriebsmitarbeiterin

Ich freue mich über dieses Foto, weil es uns friedlich und freundlich zeigt. Unser Großer ist sonst ein Terrorist, und wir sind auch nicht viel besser.

25. Januar 1987
Harald Wandel
Manuela Dütthorn

Harald Wandel, 36 Jahre, Architekt und Liedermacher
Manuela Dütthorn, 25 Jahre, politisch-künstlerischer Mitarbeiter
Oskar Wandel, 5 Jahre
Benjamin Wandel, 1 Jahre

Kein Glück gehabt. Auf jeden Betrüger reingefallen. Ich bin in diesem Land nicht angekommen. Wenn meine Familie nicht wäre – könnte ich schon abtreten.

04. Mai 1997

Harald Wandel

Harald Wandel, 45 Jahre, Architekt
Manuela Wandel, 34 Jahre, Sachbearbeiterin
Oskar Wandel, 14 Jahre, Schüler
Benjamin Wandel, 11 Jahre, Schüler

Seid meinem 12. Lebensjahr habe
ich schwer arbeiten müssen meinein
Leiben habe ich schon früh verloren

29. Mai 1987

Gisela Kanis

Gisela Kanis, 58 Jahre, Stanzerin

Meinen Mann habe ich früh verloren
bin Rentnerin

1. Dezember 1997
Kanis Gisela

Gisela Kanis, 68 Jahre, Rentnerin

Ich bin Witwe. Meine Kinder haben mich am Leben erhalten, trotzdem lebe ich nicht nur für die Kinder. Glücklich bin ich nicht, obwohl ich das Leben allein äußerlich gut gepackt habe.
Trauer, ständige brennende Sehnsucht lassen berufliche Erfolge klein erscheinen.
Viele Menschen helfen mir zwar, letztendlich muß ich mir aber selbst helfen. Muß zu meinem Innersten vorstoßen, zu mir selbst finden.
Finanziell habe ich keine Probleme, auf meine Kinder bin ich stolz, nur niemals wollte ich allein leben, jetzt muß ich es. Partnersuche fällt verdammt schwer, denn ich bin vorbelastet. Aufgeben will ich nicht, darf ich nicht, schon wegen der Kinder.
Dann kommt die bange Frage, wie wird es mit unserer Welt weitergehen? Nagelt sich die Menschheit selbst ans Kreuz. Ich bin Optimist, nur wie lange noch. Frischer Wind weht von Osten her. Wir sollten ihn weitertragen.

19. Januar 1989

Bettina Kalisch

Bettina Kalisch, 35 Jahre, Leiterin für Öffentlichkeitsarbeit
Lars, 13 Jahre
Björn, 10 Jahre
Gunnar, 9 Jahre
Jördis, 3 Jahre

So sind wir? Bodo Ran

Schwer var es, alle aufs Sofa zu kriegen. Nun bin ich also die Kleinste ... und verde Oma! Familie ist vichtiger denn je für mich geworden. Hier kann ich vielleicht etwas tun. Ansonsten ist die Velt – verrückt. Orientierungslos. 10 Jahre – die Hoffnungen von damals kaum zu glauben mehr. Froh bin ich, wenn meine Kinder ihren Weg finden und glücklich sind. Tja und ich – ich versuche ein gutes Leben mit einem neuen Mann. Kostet Kraft – wird aber!

28. Dezember 1997

Bettina Kalisch

Ich möchte Schauspielerin werden.

Jördis

Bettina Kalisch, 43 Jahre, freie Journalistin
Bodo Ranke, 44 Jahre, Arbeitslos
Lars Kalisch, 22 Jahre, Koch
Björn Kalisch, 18 Jahre, Azubi
Gunnar Kalisch, 18 Jahre, Schüler
Jördis Kalisch, 11 Jahre, Schülerin

Man sollte sein eigenes Ich nicht verleugnen.

Jan Reddemann

Ich bin so wie ich bin.
Erwarte von meiner Umwelt mehr Verständnis und Toleranz.

Klaus-D. Schmidt

29. Mai 1987

Jan Reddemann, 23 Jahre, Friseur
Klaus Schmidt, 32 Jahre, Friseur

Es geht immer noch – schlimmer

05. Mai 1997

Jan Reddemann

Jan Reddemann, 33 Jahre, selbständiger Friseur

Eine Familie mit 7 Kindern – da ist jeden Tag Jubel, Trubel, Heiterkeit.
Aber auch viel Arbeit gibt es und gute Nerven muß man haben.
Trotzdem ist es schön, wir lieben unsere Kinder.

04. April 1987

Ingrid Draeger

Heinz Draeger, 39 Jahre, Koch und Fleischer
Ingrid Draeger, 36 Jahre, Handelskaufmann
Daniela Draeger, 14 Jahre; Ronny Draeger, 11 Jahre; Thomas Draeger, 10 Jahre; Andreas Draeger, 9 Jahre; Kerstin Draeger, 5 Jahre; Christina Draeger, 3 Jahre; Sebastian Draeger, 9 Monate

In den letzten 10 Jahren hat sich in unserer Familie einiges verändert. Im Februar 1995 kam noch unser kleiner Schatz Heiko dazu. Wir sind eine große Familie mit allem was dazu gehört. Viele Kinder, Hund, Katze, Kaninchen und Vögel. Nur viel Geld haben wir nicht. Unser heimlicher Wunsch wäre ein eigenes Haus mit viel Platz zum Spielen und Toben für die Kinder und Tiere.

05. Mai 1997

Ingrid Draeger

Heinz Draeger, 49 Jahre, Arbeitslos
Ingrid Draeger, 45 Jahre, Hausfrau
Daniela Draeger, 23 Jahre, Köchin; Ronny Draeger, 21 Jahre, Tischler; Thomas Draeger, 19 Jahre, Arbeitslos; Andreas Draeger, 18 Jahre, Azubi; Kerstin Draeger, 15 Jahre, Schülerin; Christina Draeger, 12 Jahre, Schülerin; Sebastian Draeger, 10 Jahre, Schüler; Heiko Draeger, 2 Jahre

Nicht nur diesen Augenblick,

keinen in unserem Leben möchten wir missen!

29. Mai 1987
Johannes u. Anneliese
Chemnitzer

Johannes Chemnitzer, 58 Jahre, 1. Sekretär der SED-Bezirksleitung, Mitglied des Zentralkomitees der SED
Anneliese Chemnitzer, 54 Jahre, Hausfrau

Vieles hat sich verändert, aber unsere Ideale und Überzeugung haben wir uns erhalten!

04. Juni 1997

Johannes Chemnitzer

Johannes Chemnitzer, 68 Jahre, Rentner
Anneliese Chemnitzer, 63 Jahre, Rentnerin

Bodybuilding hat mich total verändert. Ich glaube ich wäre eine andere Person, wenn ich dieses Training nicht angefangen hätte.
Bodybuilding hält mich optimal fit, gibt mir Selbstbewußtsein, Stolz und eine grenzenlos positive Einstellung, die in allen Bereichen meines Lebens zur Anwendung kommt.

4. April 1987
Peter Schwander

Peter Schwander, 28 Jahre, Kfz-Schlosser
Thea Schwander, 27 Jahre, Zahntechnikerin
Marcell, 6 Jahre
Robert, 4 Jahre

Dem Bodybuilding treu geblieben, fit geblieben, an Selbstbewußtsein und positiver Lebenseinstellung nichts verloren und mit meiner Familie weiterhin sehr erfolgreich und glücklich.
Ich bin stolz auf uns!

16. November 1997

P. Schwander

Peter Schwander, 38 Jahre, Verkaufsmitarbeiter bei Bahlsen
Thea Schwander, 37 Jahre, Zahntechnikerin
Marcell Schwander, 16 Jahre, Schüler
Robert Schwander, 14 Jahre, Schüler

Eigentlich sind wir zwei ganz lustige Typen.
Aber es gibt Augenblicke in denen ich denke, daß alles nicht mehr zu bewältigen ist –
Beruf, Studium und meinem Sohn eine gute Mutter und Partnerin zugleich zu sein.
Manchmal schäme ich mich dieser Gedanken.
Strahlende Kinderaugen können für so vieles entschädigen.

15. Mai 1987
Carsta Helminiak

Carsta Helminiak, 24 Jahre, Wirtschaftskaufmann
Sebastian, 3 Jahre

Familie ist mehr als drei Menschen (und ein Hund) –
Familie ist ein Wert an sich. Kostbar und doch für kein Geld
der Welt zu haben.

18. November 1997

Nun sind wir vier – und haben noch sehr viel vor ...
Die Liebe dieser Familie gibt die Kraft dazu.

18. November 1997
Carsta Helminiak

Volker Büttner, 58 Jahre, Theaterdirektor
Carsta Helminiak, 34 Jahre, Unternehmensberaterin und Geschäftsführerin
Sebastian Helminiak, 14 Jahre, Schüler
Hund Gorbi, 2 Jahre

Ich lebe jetzt allein und bin Gesünd-Münter und fühle mich wohl mache meinen Sport
ula ains gleich. Ich war 4 mal Verheiratet.

19. Januar 1989
Walter Reinke

Walter Reinke, 81 Jahre, Rentner

Ich bei ganz allein ich fühle mich einsam Apen ist wahe mich wohl.

2. Dezember 1997

Walter Reinke

Walter Reinke, 89 Jahre, Rentner

„In jedem Menschen ist alles – die Frage ist nur, worauf das Licht fällt!"
(Helmar Lerski, „Verwandlungen durch Licht", 1936)

Das Zimmer unterm Dach, mit Sonnenfenster …
Entworfen und gebaut von meinem Mann –
als ein Zuhause für uns.

Ingrid Brun
Dresd, den 26. 5. 87

Marcel Brun, 59 Jahre, Schriftsteller
Ingrid Brun, 40 Jahre, Lektorin
Stephan, 11 Jahre

In jedem Menschen steckt alles, es kommt nur darauf an,
worauf das Licht fällt ...
Worauf fällt das Licht in dieser kalten Zeit?

10. September 1997

Ingrid Brun

Marcel Brun, 69 Jahre, Schriftsteller
Ingrid Brun, 49 Jahre, Leiterin einer Kultureinrichtung
Stephan Brun, 20 Jahre, Student

Die Ergebnisse der Sozialpolitik der SED rufen in mir eine erlebnisreiche Erinnerung an Ernst Thälmann in Hamburg wach. Zum Programm der KPD zur nationalen u. sozialen Befreiung sagte er sinngemäß, daß die deutsche Nation entstehen wird, in der alle satt werden. Und das findet in der DDR seine volle Bestätigung.

9. März 1987

Hermann Göck

Hermann Göck, 74 Jahre, Parteiveteran

Möge es für alle Menschen baldigst Arbeit und eine sozialgerechte Zukunft in Frieden, Sicherheit und Menschlichkeit geben. Das war unser Anliegen im antifaschistischen Kampf und ist es heute noch.

05. Mai 1997
Hermann Göck
Gretel Adrion

Hermann Göck, 83 Jahre, Rentner
Gretel Adrion, 73 Jahre, Rentnerin

Wenn ich mir so mein Bild anschaue, in zwei Jahren 90 Jahre alt, ich kann es kaum glauben, aber
es stimmt! Ich fühle mich auch nicht so alt, bin immer froh und guter Dinge.
Meine Liebe gehört der Musik schon von Jugend an.
In meinem Elternhaus wurde viel musiziert, kein Wunder daß Musik mein Beruf wurde wurde, den ich
heute noch mit Lust und Liebe ausübe.
Ich bin Musikpädagogin, meine Schüler verehren mich sehr und wie es immer heißt: „Jugend erhält
jung! Bin ich nicht ein Beweis dafür?

Lore Lamp

Lore Lamp, 88 Jahre, Musiklehrerin

Zwischen beiden Bildern liegen nicht einmal 2 Jahre. Frau Lamp war es nicht vergönnt, den 90. Geburtstag zu feiern. Und dennoch hatte sie ein erfülltes, bewegtes und schönes Leben gehabt. Die geistige Frische hat sie bis ins hohe Alter an vielen Dingen Anteil nehmen lassen. So ist sie wohl auch vielen Neubrandenburgern und ihren Freunden in lebhafter Erinnerung geblieben.

Familie Dr. Hahn und
Familie Dr. Kämpf

2. Dezember 1997

Das „Ich eines Menschen zeigt sich in dem, was er schafft.

Meine Eltern wiesen mir den Weg.

6. April 1987

Heike Walther

Heinz Walther, 53 Jahre, Buchbindermeister und Restaurator
Inge Walther, 48 Jahre, Architekt und Buchbinder
Heike Walther, 21 Jahre, Buchbindermeister

Nachwuchs bis zur 4. Generation
sichert den Fortbestand unseres Familienunternehmens
Papier- & Druck-Center in Neubrandenburg bereits seit 1945.
26. September 1997
Heinz Walther & Inge Walther

Mit unseren Kindern sehen wir optimistisch in die Zukunft
Henryk Walther
Heike Walther-Martens

Heinz Walther, 63 Jahre, Inhaber eines Papier- und Druckcenters
Inge Walther, 58 Jahre, Finanz- und Verwaltungschefin
Henryk Walther, 32 Jahre, Geschäftsführer einer Druckerei
Beate Walther, 33 Jahre, kaufmännisch-technische Angestellte
Lisa Walther, 5 Jahre
Heike Walther-Martens, 30 Jahre, Geschäftsführerin im Handel
Udo Martens, 30 Jahre, kaufmännisch-technischer Angestellter
Mike Martens, 6 Jahre

Gut ist es, wenn Menschen zusammen sind,
um ihre unterschiedlichen Erfahrungen zusammenzutragen.
Wir haben einander so viel zu sagen und zu geben, was unser Leben
reich machen kann.
Tragisch ist es, einen garstigen Graben gegeneinander zu ziehen.
Falsche und einseitige Standpunkte wären die traurige Saat.

3. März 1987

Fritz Rabe

Fritz Rabe, 42 Jahre, Pastor

Wir Menschen sind zwar auch mit den Ellenbogen geschaffen worden; wir sollten zuallererst aber unseren Verstand und unsere guten Gefühle gebrauchen: um unsretwillen!

04. Mai 1997

Fritz W. Rabe

Fritz-Wilhelm Rabe, 51 Jahre, Pastor

Am Schreibtisch sitzend, über Akten schwitzend, Arbeit und Freude, Fleiß und Erholung, das bietet unsere Wohnung!

2. April 1987

Ilona Zelm

Jürgen Zelm, 34 Jahre, 1. Sekretär der FDJ-Bezirksleitung
Ilona Zelm, 31 Jahre, Lehrerin
Ariane, 11 Jahre
Reno, 5 Jahre

1989 – ein Wendepunkt in unserem Leben:
Berufliche Veränderungen brachten neue Anforderungen an die Familie.
Ich versuchte mich als Handelsvertreter für Sport und Freizeitartikeln, Versicherungsvertreter, Immobilienmakler und hätte eine Anstellung als Sozialpädagoge in den alten Bundesländern bekommen können.
Seit 1991 bin ich beim FC Neubrandenburg als Trainer tätig. Mein damaliges Hobby konnte ich zum Beruf machen.
Meine Frau behielt ihre Tätigkeit, unsere Tochter studiert Germanistik und Sprachen und unser Sohn besucht die 9. Klasse im Sportgymnasium.

28. September 1997

Jürgen Zelm

Jürgen Zelm, 44 Jahre, Fußballtrainer
Ilona Zelm, 41 Jahre, Grundschullehrerin
Ariane Zelm, 21 Jahre, Studentin
Reno Zelm, 15 Jahre, Schüler

Ein Weidmanns Heil ist immer ein Glück auf Erden. Mein größtes
Glück fand ich in meiner Frau, meiner Weggefährtin, die mich auf
meinem steinigen und schönen Weg begleitet.
Die Jagd war immer ein Ausgleich zum anstrengenden Tagewerk.
Der Ansitz eine Ruhepunkt wo viele neue Ideen geboren wurden.

28. Januar 1989

Fritz Dallmann

Fritz Dallmann, 65 Jahre, Vorsitzender der LPG(P) Priborn,
Mitglied des Zentralkomitees der SED, Mitglied des Staatsrates der DDR,
Vorsitzender des Zentralvorstandes der VdgB
Gerda Liese Dallmann, 63 Jahre, Rentnerin

Die Erinnerung an viele Jagderlebnisse ist unvergessen. Ich freue mich, daß ich auch heute noch dem Waidwerk nachgehen kann. Als Rentner, gemeinsam mit der Frau, kommen wir gut durchs Leben. Auf ein Bild wollte sie sich nicht mehr verewigen lassen.

04. Juni 1997

Fritz Dallmann

Fritz Dallmann, 73 Jahre, Rentner

Hier essen wir nicht nur, sondern feiern auch Feste in fröhlicher Runde,
erziehen unsere Kinder und lernen das Einmaleins mit ihnen,
quatschen im Dunst der Wochenendvorbereitungen mit und ohne Freunde
oder diskutieren noch in Arbeitskluft steckend – vorallem – wir können
auch mal mit der Faust auf'n Tisch hauen
Unser Leben geht nie an diesem Tisch vorbei.

5. März '87
Christine Krug

Rudolf Krug, 41 Jahre, Tierarzt
Christine Krug, 37 Jahre, Hausfrau
Petra, 15 Jahre
Dörte, 13 Jahre
Martin, 11 Jahre
Katharina, 10 Jahre

Zehn Jahre später
Nur älter geworden? Beileibe nicht. Die Familie ist allen Wirren zum Trotz fester geworden und Zentrum für Kinder und Schwiegerkinder. Gewandelt und geblieben

Das alte System war auf Lüge gegründet. Hoffentlich haben wir uns nicht selbst belogen.
Das neue System ist auf Betrug gegründet. Hoffentlich betrügen wir uns nicht selbst.
Fazit: Trau keinem Staat, trau Deiner Familie wenn Du kannst

Alt Rehse, den 12. Mai 1997 Rudolf Krug

Rudolf Krug, 51 Jahre, arbeitsloser Tierarzt
Christine Krug, 47 Jahre, Pensionswirtin
Dörte Krug, 22 Jahre, Studentin; Martin Krug, 20 Jahre, Azubi; Katharina Krug, 19 Jahre, Hebammeschülerin
Theresa Krug, 8 Jahre, Schülerin; Marko Schluppner, 23 Jahre, Maurer (Verlobter von Dörte)
Martina Krüger, 18 Jahre, Schülerin (Freundin von Martin)

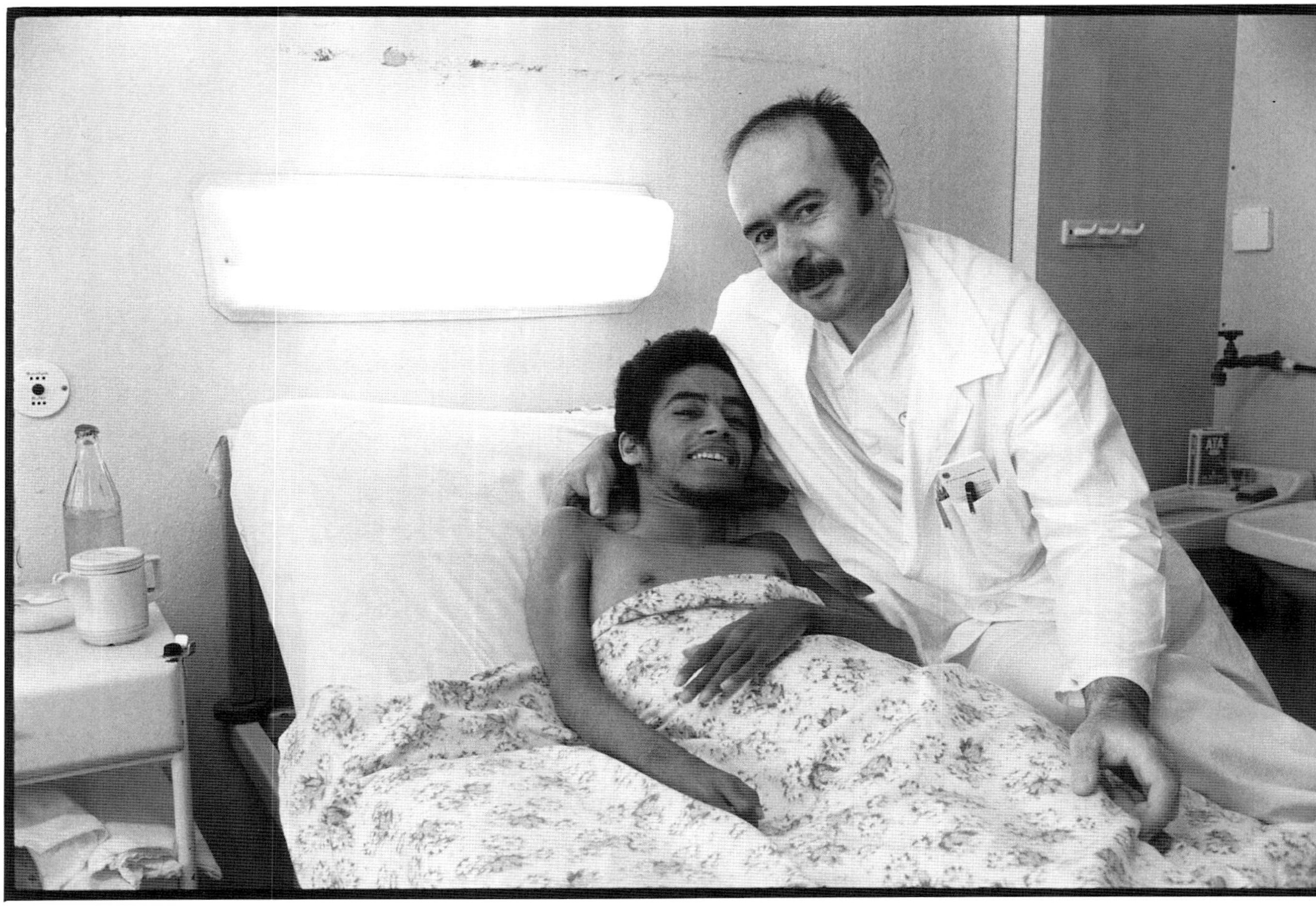

Das ist Sami, 18 Jahre alt, seit 6 Jahren querschnittsgelähmt.
Seine Heimat – Palästina.
Sein Zuhause – unser Krankenhaus und sein Personal.

23. Mai 1987
Th. Jäckle

Thomas Jäckle, 43 Jahre, Arzt
Sami Adnan, 18 Jahre

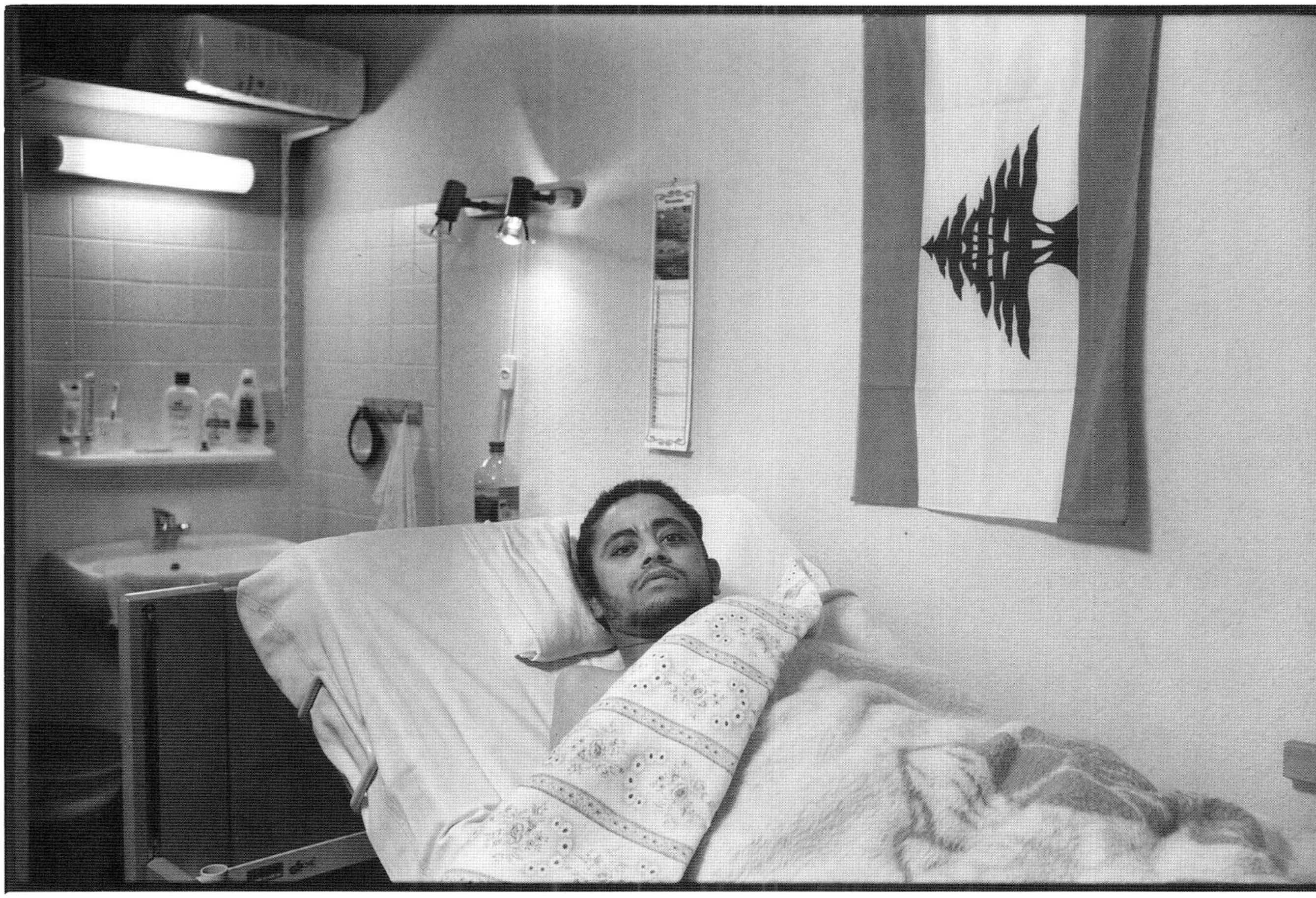

Mein Name ist Sami Ibrahim. Seit 1993 lebe ich in einem Wohnheim in Weitin bei Neubrandenburg, in dem es mir sehr gut gefällt. Ich habe ein eigenes Zimmer. Seit einem Jahr kann ich sogar 5 arabische Fernsehprogramme empfangen. Mein Lebenstraum ging in Erfüllung, als ich diesen Herbst, nach 16 Jahren, in meine Heimat – den Libanon, fahren konnte. Ich habe meine Verwandten sehen können und die Orte meiner Kindheit besucht. Aber was ist Heimat? Der Libanon, dort bin ich geboren, von dort komme ich. Das ist lange her, aber lebendig. Hier ist auch meine Heimat, meine zweite Heimat.

Sami Ibrahim

Sami Ibrahim, 29 Jahre

Dezember weht sein letztes Blatt
dem Januar ins Eisgesicht.
Ob unser Winter Sonne sah
oder Sparlampenlicht …

11. März 1989

Lisa Jobst

Herbert Jobst, 73 Jahre, Schriftsteller
Lisa Jobst, 68 Jahre, Autorin

Einsamer,
älter,
langsamer ...
aber immer
noch mittendrin!

04. Juni 1997
Lisa Jobst

Lisa Jobst, 76 Jahre, Lyrikerin

"Ohne Unterlaß strömen Tage und Nächte gleich den Wassermassen eines Flusses dahin und führen der Menschen Leben mit sich fort, ohne je wiederzukehren" (Indische Weisheit)

Zuirstorf, 21.5.1989 Ulrike Franke

Ulrike Franke, 43 Jahre, Fachärztin für Orthopädie

Zur Zufriedenheit braucht es wenig...!

13. September 1997

Ulrike Franke

Ulrike Franke, 51 Jahre, Rentnerin

In jeder „Musikervereinigung" kann nur einer die „Erste Geige" spielen.
Der Dirigent unseres Lebens heißt JOHANN.

6. Februar 1989
Petra Jürgens

Uwe Seipt, 42 Jahre, Musiker
Petra Jürgens, 29 Jahre, Musikerin
Johann Jürgens, 4 Jahre

ZUSAMMENHALTEN – TURBULENZEN MEISTERN – LOSLASSEN LERNEN – ENTTÄUSCHUNGEN VERARBEITEN – MIT FEHLERN LEBEN – SICH FINDEN – VERZEIHEN – NEU ANFANGEN – GEDULD ÜBEN – ZUHÖREN – REDEN – SICH ZEIT NEHMEN – BARMHERZIG SEIN – LEBEN ...

KLEINMACHNOW, IM NOVEMBER 1997

Uwe Seipt

Uwe Seipt, 50 Jahre, Bauingenieur
Petra Jürgens, 37 Jahre, Lehrmusik-Therapeutin
Johann Jürgens, 11 Jahre, Schüler

Ich bin von der Literatur, aber gewohnt, mich zu engagieren. Deshalb hasse ich Teilnahmslosigkeit oder Sprüche, wie: „Das geht mich nichts an, das ist nicht mein Bier, das ist doch nicht meine Hochzeit.“

14. September 1989

Helmut Sakowski

Helmut Sakowski, 65 Jahre, Schriftsteller,
Mitglied des Zentralkomitees der SED, Mitglied der Akademie der Künste der DDR,
Vizepräsident des Kulturbundes der DDR

Der Mensch darf nicht still und verschüchtert durch diese Welt gehen, die zum Besseren verändert werden muß!

04. Juni 1997

Helmut Sakowski, 73 Jahre, Schriftsteller

Ich bin nicht bereit, etwas über mich zu offenbaren.
Das ist die nackte Wahrheit.

18. Mai 1987
H. C.

H.C., Anonym

Ich bin immer noch nicht bereit, etwas über mich zu offenbaren.
Das ist die nackte Wahrheit.

17. Dezember 1987
H. C.

H.C., Anonym

Gute und schöne erinng an unzer ehe. 19. Mai 1987

Karl Linnert

Karl Linnert, 57 Jahre, Transportarbeiter
Erika Linnert, 55 Jahre, Hausfrau
Karl-Heinz Bergholz, 27 Jahre, Lagerarbeiter

Wir sind 27 Jahre verheiratet und geht es sehr gut

12 Mai 1997

Karl Linnert

Karl Linnert, 67 Jahre, Rentner
Erika Linnert, 64 Jahre, Rentnerin
Karl-Heinz Bergholz, 37 Jahre, Produktionsarbeiter

Solange die Lampe leuchtet ...

10. Juni 1987

Gisela Templin

Gisela Templin, 47 Jahre, Intendant

Die neue Zeit: Licht und Schatten ...

17. Dezember 1997
Gisela Templin

Gisela Templin, 57 Jahre, Dramaturgin

Unsere Familie, gute Freunde,
Achtung vor uns selbst, nicht mit den Wölfen heulen,
wenn nötig die vorgeschriebenen Wege zu verlassen
und eigene zu gehen – all das ermöglicht uns
das Leben auf einer kleinen Insel Hoffnung.

Wie lange noch?

18. September 1989
Hans-Ulrich Sturm

Hans-Ulrich Sturm, 38 Jahre, Materialverwalter
Petra Hoffmann, 31 Jahre, Katechetin
Konrad Hoffmann, 8 Jahre
Frauke Hoffmann, 4 Jahre

Weit ist der Horizont, vieles gibt es noch zu entdecken!

29. Mai 1997

Hans-Ulrich Sturm

Hans-Ulrich Sturm, 46 Jahre, Landschaftspfleger
Petra Hoffmann, 39 Jahre, Katechetin
Konrad Hoffmann, 16 Jahre, Schüler
Frauke Hoffmann, 12 Jahre, Schülerin

Immer mehr Fragen
als Antworten . . .

8. August 1989
Klaus-D. Hampel

Klaus Hampel, 49 Jahre, Elektronik-Ingenieur
Heide Hampel, 43 Jahre, Kulturwissenschaftlerin
Kater Bobby

Etwas klüger aber immer noch nicht schlau ...

07. Mai 1997

Heide Hampel

Klaus Hampel, 57 Jahre, technischer Angestellter
Heide Hampel, 50 Jahre, Geschäftsführerin des Literatur Zentrum e. V.

38 Jahre - Gemeinsamkeit -, mit und ohne Klippen,
Freud' und Leid!
Wie lange gibt man uns noch?
Wir hoffen - wir lieben - wir leben!

9. März 1987
Werner und Eva Lasdin

Werner Lasdin, 65 Jahre, Rentner
Eva Lasdin, 61 Jahre, Rentnerin

Wir haben gewonnen, gewonnen wieder zehn goldene
Jahre unseres Lebens! Zehn Jahre voller Glück und
Sonnenschein, mit ein wenig Stürmen und Regen.
Was wollen wir mehr?
Gehen wir weiter auf diesem Weg, vorerst in das
Jahr 2000 zur „Goldenen Hochzeit"!

13. Mai 1997

Werner und Eva Lasdin

Werner Lasdin, 74 Jahre, Rentner
Eva Lasdin, 71 Jahre, Rentnerin

Vor 20 Jahren wünschte ich mir sehnlichst ein Kind. Nach jahrelanger Behandlung wurde mir mitgeteilt, daß ich nie eigene Kinder haben werde.

1976 adoptierte ich einen siebenjährigen Jungen, meinen Sohn Sven. Sven ist heute 20 Jahre alt und geht schon seine eigenen Wege.

Kaum zu glauben, aber es geschah doch noch ein Wunder. Am 20.5.1989 konnte ich – Dank der fortgeschrittenen Medizin – ein eigenes gesundes Baby zur Welt bringen – meine Tochter Franziska.

4. September 1989

Heidi Seipt

Heidi Seipt, 39 Jahre, Baustoffingenieur
Franziska Seipt, 3 Monate

8 Jahre – die Zeit verging wie im Flug. Vieles hat sich verändert, nicht nur wir.
Franziska ist mein ganzer Stolz, gern erzählen wir uns erdachte Geschichten
und kuscheln miteinander.
Konsequent zu bleiben und nicht jeden Wunsch zu erfüllen, fällt sehr schwer.
Schnell hat Franziska herausgefunden, wie sie mich um den Finger wickeln
kann. Was aber wird die Zukunft bringen?
Sven hat inzwischen eine eigene Familie, leider sehen wir uns nur selten.

11. Januar 1998

Heidi Seipt

Heidi Seipt, 48 Jahre, Farb- und Typstyllistin
Fanziska Seipt, 8 Jahre, Schülerin

wir drei gehören zusammen.
Mein Bruder Hannes ist mein bester Freund.
Ich gehe gerne zur schule und sreibe und lese gerne.
11. Juni 1987
Martin Wohlrab.

Martin ist 7 Jahre alt und seit Geburt querschnittsgelähmt.

Gabriele Wohlrab

Gabriele Wohlrab, 32 Jahre, Zahnärztin
Martin, 7 Jahre
Hannes, 5 Jahre

In den letzten 10 Jahren haben wir viel erlebt. Zwischen März '92 - August '92 hatte ich eine schwierige Rückenoperation, danach ging es mir wieder gut. Hannes, meinen Bruder, finde ich eigentlich ganz nett.
Mein späterer Berufswunsch ist Bürokaufmann.

09. Mai 1997
Martin Wohlrab

Die Söhne sind groß - Leben ist spannend!

9. Mai 1997
Gabriele Wohlrab

Dr. Gabriele Wohlrab, 41 Jahre, Zahnärztin
Martin, 17 Jahre
Hannes, 14 Jahre

Abendkleid und Arbeitshose,
Butterfaß und Heckenrose,
Weinbergschnecke, Klinkerstein,
Löschpapier und Hühnerbein,
Yorkscher Marsch, Kometenschweif,
Zitronenbaum, ein Nebelstreif,

Eulenauge, Schwalbenschwanz,
Unkenruf und Tangotanz,
Trauerweide, Meer und Bach,
Spatz am Haus, Taube auf dem Dach.

28. Mai 1987
Anita Schubert

Hans-Joachim Schubert, 51 Jahre, Fotografiker
Anita Schubert, 50 Jahre, Gebrauchsgrafiker

Hurra, wieder 10 Jahre geschafft!

12. Mai 1997
Anita + Hans-J. Schubert

Hans-Joachim Schubert, 60 Jahre, Fotografiker
Anita Schubert, 59 Jahre, Grafikerin

Will man, daß ein Baum hoch empor wachse, muß man seine Wurzeln stärken. Wünscht man, daß ein Fluß weit dahin fließe, muß man seine Quellen reinhalten. Möchte man, daß ein Land in Frieden gedeihe, muß man die Tugenden fördern.

Ohne tiefe Quellen wird man vergeblich erwarten, daß ein Fluß weit dahin fließe; ohne starke Wurzeln wird man vergeblich erhoffen, daß ein Baum hoch empor wachse; ohne gefestigte Tugenden wird man vergeblich ersehnen, daß ein Land in Frieden gedeihe.

Wei Dscheng, 580-643 (Sentenzen aus dem alten China)

Jahrhunderte alte Gedanken – gültig auch jetzt noch, in einer bewegten Zeit.

18. September 1989
Dr. Friedrich Mesewinkel

Dr. med. Friedrich Mesewinkel, 56 Jahre, Facharzt für Pathologie

Als ich am 18. September 1989 die Gedanken eines chinesischen Weisen von vor etwa 1500 Jahren auf ein Bild von mir schrieb, welches Bernd Lasdin gemacht hatte, konnte ich nur ahnen, was die vor mir liegende Zeit bringen könnte, – mehr nicht. Aber das etwa waren auch meine Ideen und Wünsche. Bernd hatte die Vorstellung, Menschen dieses Landes zu Worten nach eigener Wahl und mit dem Bild des momentanen Zustandes in einem etwa zehnjährigen Abstand zu beobachten und sprechen zu lassen. Aus der damaligen Sicht des DDR-Bürgers ein einerseits fast unmögliches und andererseits sehr mutiges, aber fast aussichtsloses Unterfangen. Was ist daraus geworden?
Der Zeitraum der nächsten Monate und Jahre überstürzte sich. Die sogenannten Montagsgebete zunächst in Kirchen und dann zu mächtigen Demonstrationen mit Lichterketten in allen Teilen dieses geschundenen Landes DDR forderten Freiheit für dieses Land und endlich die Einheit für ganz Deutschland.
Am 9. November 1989 fielen die Berliner Mauer und die innerdeutsche Grenze mit dem Opfer zahlreicher Menschenleben auf dem Versuch der Flucht in die Freiheit, aber als Ergebnis einer unblutigen Revolution der Menschen der Deutschen Demokratischen Republik.
Und am 3. Oktober 1990 entstand aus zwei selbständigen Staaten mit freigewählten Regierungen und mit Zustimmung der vier Siegermächte des II. Weltkrieges die Bundesrepublik Deutschland.
Was für eine Zeit! Wahrhaft eine psychische und physische Überforderung aller Altersklassen für die meisten Deutschen, besonders aber die Bürger in den neuen Bundesländern, weil die in 50 Jahren gewachsenen Erfahrungen erst gelernt werden mußten.
Und heute?
Wichtige, aber leider bei weitem nicht alle unserer Wünsche und Hoffnungen haben sich erfüllt. Nur langsam werden die künstlich aufgeworfenen Gräben in der Geschichte des Landes zuwachsen, – in einer längeren Zeit, als jeder von uns vermutet hat. Und die Idee von „Einigkeit und Recht und Freiheit" wird allen Menschen dieses Landes sehr viel an Einsicht, Geduld und Fleiß abverlangen, ehe sie verwirklicht ist.

20. September 1997
Dr. Friedrich Mesewinkel
(ein nicht selbst erwählter Vorruhestand)

Dr. Friedrich Mesewinkel, 64 Jahre, Vorruheständler

Manchmal fühlen wir uns vom Glück verfolgt. Aber nur manchmal.

Mit beiden Beinen in der Materie stehen.

Und was man nicht sieht:

Erkenntnisse suchen.

2. März 1987

Wilhelm u. Brigitte Kölpin

Wilhelm Kölpin, 40 Jahre, Diplomingenieur für Maschinenbau
Brigitte Kölpin, 38 Jahre, Lehrerin

Ist das wirklich nur EIN Leben?
Manchmal denken wir: Das alles würde, auf zwei oder drei Leben verteilt, immer noch genug sein. Genug Glück, genug Pech.
Vor lauter Risiko sind die Chancen oft nicht zu sehen. Aber sie sind da!

04. Mai 1997
Wilhelm Kölpin
Brigitte Kölpin

Wilhelm Kölpin, 50 Jahre, Konfliktforscher
Brigitte Kölpin, 48 Jahre, Lehrerin

Hier wohne ich schon 37 Jahre und ohne mein Kätzchen würde ich sehr einsam sein. Seid 10 Jahren ist Jette schon bei mir und wir geben uns große Mühe um noch recht lange beisammen zu sein.

25. Januar 1987

Erna Wiese,

Erna Wiese, 75 Jahre, Rentnerin

In dieser sonnigen Wohnung mit der sonnigen Aussicht bin ich schon 9 Jahre. Leider hat mich mein Kätzchen vor 9 Jahren verlassen worüber ich sehr traurig bin.

04. Mai 1997

Erna Wiese

Erna Wiese, 85 Jahre, Rentnerin

Höre ich nachts
Hawaiimusik aus den
Neubauten unserer
Städte – ergreift mich
Fernweh!
OTTO Sander-Tischbein,
der Erfinder der Telefonkunst
in der DDR u. Träger vieler
Abzeichen Groß Roge, den
21.5.1989, 16.01,24

Die Freiheit des einen
hört da auf, wo die
Freiheit des anderen
beginnt.

am 21.5.1989

Gerda Dassing

Gerda Dassing, 47 Jahre, Gebrauchsgrafikerin
Otto Sander, 40 Jahre, Grafiker

Mein Friede: Dieses Bild lügt. Dieses Bild
ist wahr. Wie damals.
Ot-to Sander, 13. September
1997

Die Liebe ist ein Schmetterling -
wunderschön und zerbrechlich.
Gerda Dassing-Sander 13. September
1997

Gerda Dassing Sander, 56 Jahre Heilpraktikerin, und Astrologin
Otto Sander Tischbein, 48 Jahre, Maler und Schriftsteller

In der Kunst genießen wir das Leben, sagt Brecht. Die Fotografie gehört ja wohl auch zur Kunst! Sicher gibt es auch heute noch Maler, die die Optik der Kamera mit dem kalten starren Auge eines Reptils vergleichen. Manche Fotos sind in ihrer Wirkung vielleicht auch zu privat und wirken dann etwas peinlich. Es ist für jede Kunstgattung sicher schwer, zu einer Objektivierung und bewußten Gestaltung zu gelangen.
Unseren Lebenslauf können und möchten wir hier nicht aufschreiben, dafür reicht der Platz ja auch nicht. Wir lesen gern! Unsere bevorzugten Autoren sind: London, Turgenjew, Tolstoi, Tschechow – Lessing, Herder Goethe, Heine, Keller und ganz besonders Fontane.
Halina und Peter Holze, Teterow, den 4. 6. 1989

Peter Holze, 51 Jahre, Lehrer
Halina Holze, 57 Jahre, Sekretärin

Gegenwart und Zukunft stimmen uns kaum optimistisch. Es ist schon erschreckend, mit welchem Tempo die Verfallserscheinungen in vielen Bereichen der Gesellschaft immer sichtbarer werden. Da ist es schon tröstlich, daß uns das großartige Erbe in Kunst und Literatur wohl noch nicht ganz verloren gehen kann. Zahlreiche Autoren, wie Seume, G. Forster, Stifter, Heine, Fontane, Kellermann, Fallada oder auch Kl. Groth lesen wir immer wieder gern.
Wie heißt es doch in dem meisterhaften Gedicht „Park Monceau" von Tucholsky:

Die Sonne scheint und glitzert auf ein Haus.
Ich sitze still und lasse mich bescheinen
Und ruh von meinem Vaterlande aus.

13. September 1997
Peter Holze

Peter Holze, 60 Jahre, Rentner
Halina Holze, 65 Jahre, Rentnerin

Wenn ich als immerhin schon alter Hase in der Journalistik nach meinem Werdegang gefragt werde, antworte ich mit Karl Kraus:
Im Anfang ist man's ungewohnt, und es geht darum wie geschmiert. Aber dann wird's schwerer und immer schwerer, und wenn man erst in die Übung kommt, dann wird man mit manch einem Satz nicht fertig!

29. Dezember 1986
Horst Luks

Horst Luks, 56 Jahre, Journalist

Gut zwei Jahre nach der Wende war ich noch gestandener Journalist mit DDR-Vergangenheit. Als fast Achtziger bin ich jetzt eine Altlast. Das Umfeld ist kalt geworden. Ohne DDR-Nostalgiker zu sein, finde ich, daß bestimmte Prioritäten von damals heute bitter nötig wären! Die „große Freiheit" in „diesem unseren Lande" bekommt mir nicht recht. Ellenbogengesellschaft, dümmliche Arroganz im Politzirkus und noch mehr kotzen mich an. Da genieße ich lieber so schlecht und recht mein Rentendasein. Und sooft ich Lust zu öffentlich geistiger Übung verspüre, lege ich mich lang und warte bis das Gefühl wieder vorbei ist.

19. Dezember 1997

Horst Luks

Horst Luks, 66 Jahre, Rentner

Eine gute Arbeit in der LPG und die individuelle Hauswirtschaft als Hobby – so läßt es sich gut auf dem Lande leben.

15. August 87
Joachim Köppen

Joachim Köppen, 32 Jahre, Agraringenieur
Renate Köppen, 31 Jahre, Milchleistungsprüferin
Anja, 10 Jahre
Nadin, 6 Jahre

Eine Familie, in der man füreinander da ist, sich selber treuzubleiben und einmal öfter aufzustehen als hinzufallen, das gehört für uns zusammen.

Grünau, d. 12.9.97

Joachim Köppen

Joachim Köppen, 42 Jahre, kaufmännischer Angestellter
Renate Köppen, 41 Jahre, Verkäuferin
Anja Köppen, 20 Jahre, Bürokauffrau
Nadin Köppen, 15 Jahre, Schülerin
Carolin Köppen, 8 Jahre, Schülerin
Hund Immo, 1 Jahr

Im Zeitungschaos rund um mich – die Hypothek des unabänderlichen Gestrigen. Im Schrank und in den Mappen hinter mir das noch lang nicht Fertige, das mich hoffen lässt. Und ein bisschen überall, auf Zetteln und auf Bildern, das, was ich nicht vergessen will...

Jean Villain,

Dreesch, den 26. 5. 87

Marcel Brun, 59 Jahre, Schriftsteller

Alter Arsch auf neuem Sessel – umgewendet – – –

10. September 1997

Jean Villain

Marcel Brun, 69 Jahre, Schriftsteller

„Wer reden will und das Recht beansprucht, gehört zu werden, der muß nicht nur sprechen können, sondern vor allem etwas zu sagen haben" (H. Neuhaus)

21. Dezember 1989

Romely Pfund

Romely Pfund, 34 Jahre, Chefdirigentin der Neubrandenburger Philharmonie

vier helle Köpfe
acht flinke Beine
oft eigenwillig
doch nie alleine

11. September 1997

Romely Pfund, 41 Jahre, Dirigentin
Christian Schwandt, 35 Jahre, Geschäftsführer einer Wirtschaftsprüfungsgesellschaft
Maximilian, 5 Jahre
Sophie, 3 Jahre

Wir sind 25 Jahre in Zachow.
Ich arbeite im Feldbau, mein Mann im
Schweinestall. Ich habe noch 5 Kinder.

29. Dezember 1986
Helga Schmidt

Helga Schmidt, 55 Jahre, Landarbeiterin
Ewald Schmidt, 61 Jahre, Landarbeiter

ich möchte noch nur

sagen das es mir nicht gut geht

6 Mai 1997

Helga Schmidt

Helga Schmidt, 66 Jahre, Rentnerin
Ewald Schmidt, 72 Jahre, Rentner

Freude, Hoffnungen u. Erwartungen, wir möchten, daß uns das bleibt.

Fam. Bruß

21. Dez. 1989

Herbert Bruß, 38 Jahre, Diplomingenieur
Barbara Bruß, 38 Jahre, Erzieherin
Beatrice, 14 Jahre
André, 12 Jahre

Die Wende brachte uns leider auch die Trennung in der Ehe.
Vertrauen wir auf eine gemeinsame Zukunft!

27. September 1997

Barbara Bruß

Barbara Bruß, 46 Jahre, Erzieherin
Günther Lüders, 48 Jahre, Landwirt
Beatrice Bruß, 22 Jahre, Studentin
Thomas Stölting, 22 Jahre, Student
André Bruß, 20 Jahre, Zivi

Viele Jahre liegen zwischen der Zeichnung v. George Grosz u. meinem heutigen Porträt – ein Leben mit Höhen u. Tiefen, aber es war lebenswert.

9. August 1989

Anna Ditzen-Fallada

Anna Dietzen-Fallada, 88 Jahre, Rentnerin
(Witwe von Hans Fallada)

Der Sarg stand unter dem Ebereschenbaum in ihrem Garten, wie es ihr Wunsch gewesen.
Sie war eine starke Frau, keinesfalls ein Lamm.

15. September 1997
Heide Hampel

Gutes Theater sehen und spielen ist für mich wie ein Lebenselixier.

21. Mai 1987

Inge Göthel-Röder

Ingeburg Göthel-Röder, 63 Jahre, Schauspielerin

Fröhliche Jahre, glückliche Tage – wie Frühlings-
Wogen sind sie dahin!

Aus einer alten Romanze.

04. Juni 1997

Inge Göthel-Röder

Ingeburg Göthel-Röder, 72 Jahre, Schauspielerin

Ich wünsche uns ein sonniges Herz, Lachen, Zeit für Liebe, Geborgenheit, gesunde Kinder, Phantasie … manchmal könnte ich die ganze Welt umarmen!

19. Mai 1987
Susanne Schubert

Susanne Schubert, 21 Jahre, Handbuchbinderin

„Wir sind alle Engel mit einem Flügel und müssen uns umarmen, wenn wir fliegen wollen!"
Meine Kinder geben mir Liebe und Kraft!

15. September 1997
Susanne Ehrenberg

Susanne Ehrenberg, 31 Jahre, Archivarin
Wieland Ehrenberg, 8 Jahre, Schüler
Jasmin Ehrenberg, 5 Jahre

Frau Anna Seelk. bin 79 Jahre alt mein Mann ist mit
59 Jahre, gestorben. ich liebe meine Puppen und Hunde,

8 August, 19, 89

Seelk Anna,

Anna Seelk, 78 Jahre, Rentnerin

Das Bild ist sehr schön geworden
ich freue mich das ich mit meiner Schwester
zu sammen ein Bild habe. Mein lieber Sohn
starb vor einem Jahr.

0.4. Mai. 1997.

Anna Seelk.

Anna Seelk, 85 Jahre, Rentnerin
Margarete Hacker, 83 Jahre, Rentnerin (Schwester)

Ich bin ein Autonarr. Ich sammle Autobilder in großen Mengen. Jetzt stehe ich vor meinem selbst gebastelten Legoauto.

Stephan Brun, Breesch 26.5.87

Stephan Brun, 11 Jahre, Schüler

Siehe Bild ...

14.09.1997
Stephan Brun

Stephan Brun, 20 Jahre, Student

Habe geliebt, geboren, dreimal studiert sogar, bin
Autodidakt einer unerklärlichen Sehnsucht,
die mir täglich einflüstert: Du lebst nicht.

29. August 1989

Sabine Lange

Sabine Lange, 36 Jahre, Archivarin

Immer ein Flügelschlag Sommer, überm un[illegible]
gebauten Haus.

wenn man ganz stillhält
kommen wenig Rechnungen
wenn man keinen Wetterbericht hört
wächst das Unkraut nicht
wenn der Kelch der Schlüsselblume vorüber ist,
bleiben die Nesseln, ...

19. Juli 1997
Sabine Lange

Sabine Lange, 43 Jahre, Archivarin

Da bin ich nicht.
Das bin ich.
Das sind wir nicht.
Das sind wir.
Ein Lebensmoment – zufällig –
willkürlich – wirklich –
ist festgehalten
Wahrheit ?
Ja! Nein! 28. Dezember 1986 Joachim Lautenschläger

– vor solch einem „Auszug" steht
man fremd –
vorher und danach ist nicht er-
sichtlich
was gibts da zu sagen ...
Heide Lautenschläger, 28. Dez. 1986

Joachim Lautenschläger, 43 Jahre, Maler und Grafiker
Heide Marlis Lautenschläger, 45 Jahre, Malerin und Grafikerin

Der Verstand kann die existentiellen Veränderungen vielleicht noch nachvollziehen, aber das Herz folgt anderen Gesetzen...

05. Mai 1997

Joachim Lautenschläger, 52 Jahre, Diplom-Grafikdesigner
Heide Marlis Lautenschläger, 55 Jahre, Mitglied des Landtages von Mecklenburg/Vorpommern (PDS-Fraktion)

SIE HAT UNS GESCHAFFT! UND DAS WAR NICHT GERADE EINFACH, SEIT 10 JAHREN ALLEIN. DESHALB DOPPELT, DANKE!

19. SEPTEMBER 1987

Sven Schroeder (18 Jahre)

Marga Schroeder, 39 Jahre, Lehrerin
Sven Schroeder, 18 Jahre
Arne Schroeder, 15 Jahre
Björn Schroeder, 13 Jahre

Die neuen Zeiten sind nur mit Verstärkung zu meistern. Wenn sich unsere Lebenswege auch trennten, so ist die Sippe doch immer wieder gemeinsamer Ausgangspunkt für neue Etappen.

17. Januar 1998
Sven Schroeder

Marga Levenhagen, 49 Jahre, Angestellte
Siegfried Levenhagen, 55 Jahre, Diplomlandwirt
Sven Schroeder, 29 Jahre, Student
Beate Meusel, 28 Jahre, Studentin
Arne Schroeder, 25 Jahre, Jurist
Björn Schroeder, 23 Jahre, Bildberichterstatter
Kerstin Höfer, 18 Jahre, Schülerin
Hund Lex, 9 Jahre; Hund Charko, 9 Monate

Seine Vollendung findet der Mensch erst im Glück der Kinder. Sie sind der Spiegel seines Lebens – in ihnen ist sein Leben, auch wenn ein halbes Jahrhundert Alter und Kindheit trennt.
So viel Harmonie bei vier so unterschiedlichen Seelen – ein Kunstgriff des Fotografen? Manchmal auch Wirklichkeit!

31. Mai 1987
Horst Fitzer Johanna Fitzer

Horst Fitzer, 56 Jahre, Rechtsanwalt
Johanna Fitzer, 39 Jahre, Kunsterzieherin
Sebastian, 18 Jahre
Antje-Juliane, 8 Jahre

... nach zehn Jahren an unsere Kinder:
Die Dummheiten der Epoche sind für die Wissenschaft der folgenden genauso wichtig wie ihre Weisheit.

14. September 1997

H. Fitzer und Johanna Fitzer

Horst Fitzer, 66 Jahre , Rentner
Johanna Fitzer 49 Jahre, Lehrerin
Sebastian Fitzer, 28 Jahre, Rechtsanwalt
Antje-Juliane Fitzer, 18 Jahre, Studentin

Meine Lieblingsbeschäftigung ist Handarbeit. Damit ich mein Hobby treu bleiben kann, habe ich mich im Bezirkskrankenhaus Pfaffenstr. Nbg. künstliche Gelenke einsetzen lassen. Durch die vorzügliche Unterstützung unseres Staates für die Behinderten habe ich vor 7 Jahren einen E Rollstuhl erhalten, wodurch ich mich wieder allein im Stadtgebiet bewegen kann.

18. Mai 1987

Helga Schülke

Helga Schülke, 50 Jahre, Invalidenrentnerin
Heinz Schülke, 54 Jahre, Behördenangestellter

Ich bin seit 3 Jahren Witwer habe einen Garten, 3 Hühner und einen Hund. Ich genieße das Rentnerleben mit meiner Freundin

02. Juni 1997

Heinz Schülke

Heinz Schülke, 63 Jahre, Rentner

Ich bin 19 Jahrealt
Ich Arbeite auch im Feldbau ich habe keine Freundien
Ich fühl mich wohl
28 Dezember 1986
Andreas Schmidt

Andreas Schmidt, 19 Jahre, Landarbeiter

6. Mai 1997

Andreas Schmidt

Andreas Schmidt, 30 Jahre, arbeitslos

Das Leben ist wie Theater – viel Illusion und Improvisation.
Ich lebe mit dem Theater und seiner Scheinwelt.
Viele Menschen werden dadurch verblendet, nur Tiere nicht,
sie bleiben natürlich.

21. Mai. 1987

Detlef Kersten

Detlef Kersten, 34 Jahre, Chefmaskenbildner

In 10 Jahren verändert sich der Mensch und sein Umfeld.
Ich habe jetzt eine Familie – und einen neuen Hund.

Wir sind beide aus zweiter Hand, und ich habe es nicht bereut,
wieder geheiratet zu haben.

16. September 1997

Liane Kersten

Detlef Kersten

Detlef Kersten, 43 Jahre, Chefmaskenbildner
Liane Kersten, 37 Jahre, Medizinisch-technische Assistentin
Hund Bobby, 2 Jahre

Zum Autor

Lebenslauf

1951	Geboren in Neubrandenburg
1968-1970	Fotografenlehre und Abitur
1972-1978	Foto- & Filmmitarbeiter beim Sportclub Neubrandenburg
1978	Bildreporter bei der Tageszeitung »FREIE ERDE«
1979	Aufnahme in den Verband der Journalisten, VdJ
1984-1987	Fernstudium an der Hochschule für Grafik und Buchkunst in Leipzig bei Professor Arno Fischer
1987	Kandidat des Verbandes Bildender Künstler, VBK
1988	Beginn der freiberuflichen Tätigkeit
1990	Mitglied des Verbandes Bildender Künstler, VBK (Bund der Fotografen)
1991	Mitglied im Künstlerbund Mecklenburg-Vorpommern
1995	Lehrauftrag an der Fachhochschule Neubrandenburg

Eigene Ausstellungen

1981	Torgalerie. Zentrum Bildende Kunst in Neubrandenburg
1981	Kleine Galerie des Armaturenwerkes Prenzlau
1985	Galerie im Haus des Kulturbundes in Neubrandenburg
1986	Fotogalerie Malchow
1986	Galerie des Kulturbundes Demmin
1986	Partnerstadt Villejuif, Frankreich
1987	Haus der Kultur und Bildung in Neubrandenburg
1987	Galerie im Rathaus Malchin
1987	Galerie in Torgelow
1987	Galerie im Berufsausbildungszentrum Neubrandenburg
1988	Rathaus in Flensburg
1988	Hochschule für Grafik und Buchkunst in Leipzig
1988	Galerie im Museum Neustrelitz
1988	Galerie im Rubenow-Klub in Greifswald

1988	Galerie in der Karl-Marx-Universität in Leipzig
1988	Fotogalerie Malchow
1989	Galerie im Kreiskulturhaus Berlin-Treptow
1989	Galerie in Pedrosawodsk, Karelien
1989	Haus der Kultur und Bildung in Neubrandenburg
1989	Museum Flensburg
1989	Galerie »Süd« in Karl-Marx-Stadt
1989	Galerie in der Pädagogischen Hochschule in Neubrandenburg
1989	Haus des Lehrers in Neubrandenburg.
1990	Museum Flensburg
1990	Zentrales Haus der DSF (Deutsch-Sowjetische-Freundschaft) in Berlin
1990	Kulturhaus der Peenewerft Wolgast
1993	Nevers (Frankreich)
1995	Kunstsammlung Neubrandenburg (Stipendium der Stadt Neubrandenburg)
1996	Alt Rhese
1996	Goethe-Institut in Riga (Lettland)
1996	Literaturhaus Wien (Österreich)
1998	AOK Neubrandenburg
1998	Kunstsammlung Neubrandenburg
1998	Sparkasse Neustrelitz
1999	Flughafen Hamburg
1999	Sparkasse Bremen
1999	Schleswig-Holstein-Haus Schwerin
1999	Flensburg

Ausstellungsbeteiligungen

Neubrandenburg
Damaskus
Berlin
Helsinki
Rostock
Szcezcin
Dresden
Potsdam
Pedrosawodsk

Leipzig
Sankt Petersburg
Charlott (North Carolina, USA)
Stralsund
Kiel
Schwerin
Elkader (Iowa, USA)
Milwaukee (Wisconsin, USA)

Studienreisen

1984	Sowjetunion (Karelien)
1985	Polen, Sowjetunion (Aserbaidschan, Greorgien), Ungarn
1986	Bundesrepublik Deutschland, Polen
1988	Sowjetunion (Lettland)
1989	Bundesrepublik Deutschland, Sowjetunion (Karelien)
1990	Bundesrepublik Deutschland
1992	Spanien, Italien
1993	Italien, Frankreich
1994	Italien, Frankreich, Dänemark
1996	Italien, Schweiz, Lettland
1997	USA, Frankreich
1998	Italien, Israel